睡眠の名医が教える

# 聞くだけで赤ちゃんがぐっすり眠る魔法の音楽

日本睡眠学会理事・小児科医
神山 潤

音楽
大矢たけはる

はじめに

# 赤ちゃんと相談しながら作った魔法の寝かしつけ音楽

小児科医として40年近く働いてきた中で、小さなお子さんを持つお父さん・お母さんと接し、子育てについての悩みをお伺いしてきました。中でも0歳から3歳、赤ちゃん・乳児期のお子さんについてよく耳にする悩みは、

**「やっとの思いで寝かしつけても、途中で起きてしまう」**

**「夜泣きが激しい」**

というものです。

何とかして、このような赤ちゃんの眠りに関するお悩みにお答えできないか、と長年考えていました。そして今回、これまでにない画期的な方法を編み出すに至ったのです。

世の中には、「赤ちゃんの安眠」をうたった書籍や音楽はたくさんあります。ただ、それらの多くは「大人の基準」で作られたもの。本当に赤ちゃんが好むものなのか？　というと、疑問です。

**そこで今回は「赤ちゃんと相談すること」に重点を置いて制作しました。**

CDを開発するにあたって、「試作段階の音源」※1「完成音源」の2段階で、**全国の保育園に試聴アンケートを行い、保育園に通う赤ちゃん、乳児期（0～3歳）のお子さんに実際に音楽を聞いてもらいました。その人数は「試作段階の音源」ではのべ839人、「完成音源」ではのべ579人。**試作音源は3パターン、ミュージッククリエイター・大矢たけはるさんに作っていただき、アンケート結果で一番好評だった試作音源をもとにして、完成音源を制作。そして念には念を入れて、完成音源も赤ちゃんに改めて聞いてもらい、2度目の効果測定アンケートを実施。赤ちゃんたちが本当にぐっすり眠った音楽だけを厳選して収録しました。

次のページに掲載している赤ちゃんの試聴結果をご覧いただけば、その効果のほどはおわかりいただけるでしょう。

※1 全国21カ所の保育園で、0-1歳、1-2歳、2-3歳のクラスでアンケートを実施。赤ちゃんの人数は協力いただいたクラスごとの1～5日目にCDを試聴した人数の「最大値」を合計しています。
※2 全国16カ所の保育園で、0-1歳、1-2歳、2-3歳のクラスでアンケートを実施。赤ちゃんの人数は協力いただいたクラスごとの1～5日目にCDを試聴した人数の「最大値」を合計しています。

# 日本全国の保育園 579人の赤ちゃんに 付録CDを聞いてもらいました。※2

CDを聞き続けて
5日後の結果は…

### クラスの過半数の赤ちゃんが活動をやめ、静かになるまでの時間

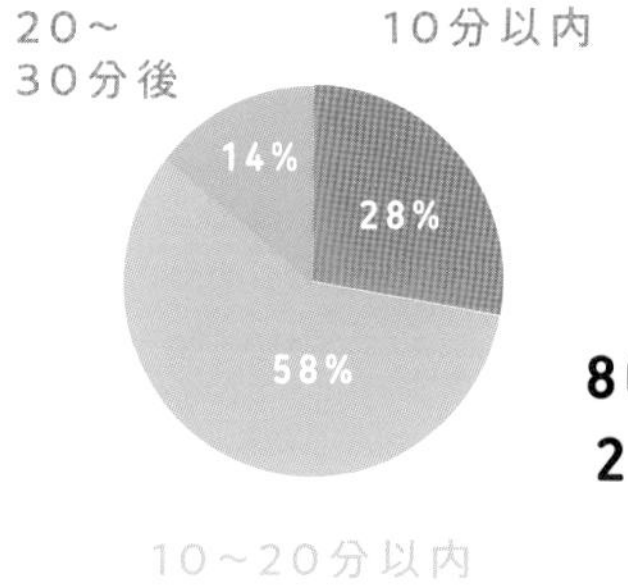


### クラスの過半数の赤ちゃんが「静かになったあと」、眠りにつくまでの時間

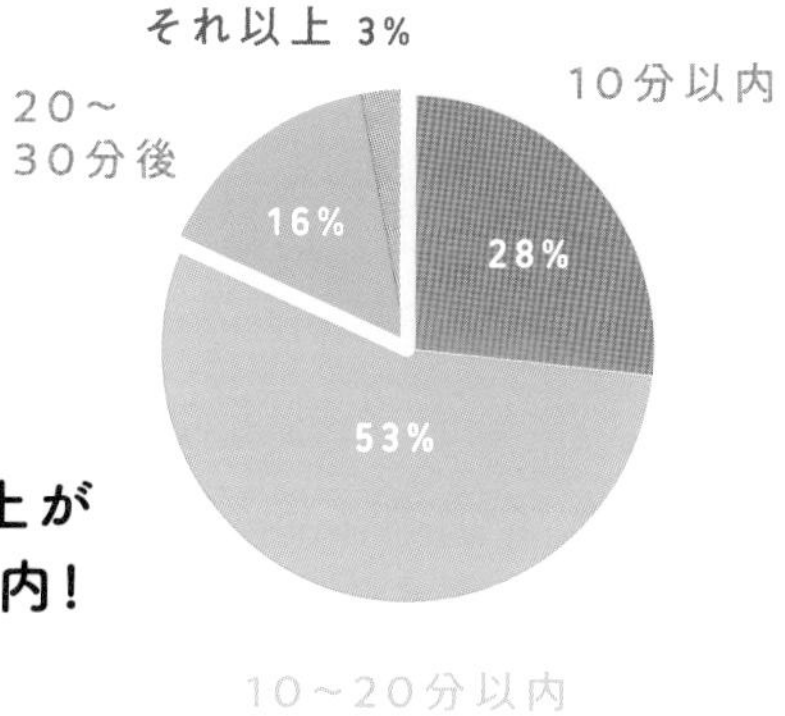


**80%以上が
20分以内!**

### 寝かしつけ時にCDを聞かせると、いつもより寝つきのよい子がいた

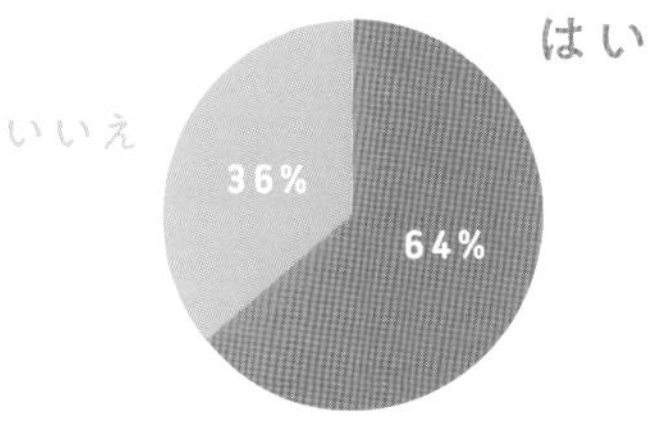


### CDを流している時間で、途中で泣き出す子がいた

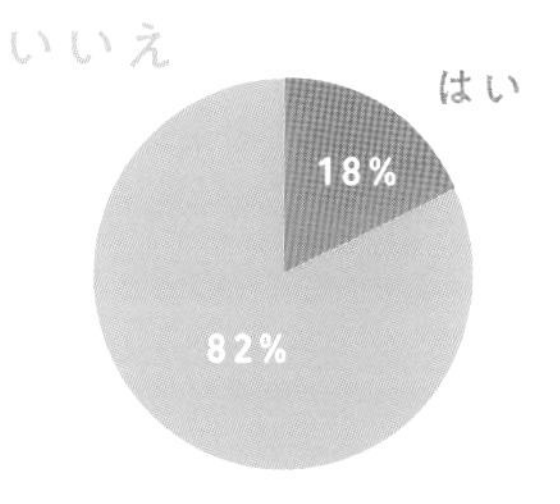

つまり、文字どおり世界初の「赤ちゃんによる、赤ちゃんのための安眠音楽」なのです。

保育園の先生方からは、次のような喜びの声を頂いています。

日々赤ちゃん・乳児期のお子さんと接し、赤ちゃんたちのお昼寝の様子を見ている保育士の先生方から、これほどまでにたくさんのお墨付きを頂いた寝かしつけ本は、ほかにないでしょう。

## 体験者の声

いつも
お昼寝をしない子の
2名のうち1名は
入眠していた。

30代・女性

背中をとんとんされながら
眠る子が、布団に入ると
そのまま入眠していた。

40代・女性

曲の流し始めは
“なんだろう”となっている子がいるが、
慣れてくると落ちついて
布団に寝そべる姿があった。

20代・女性

心が落ちつく
CDだと思った。
60代・女性

CDを流すことで静かに
ゆったりと眠りにつくことが
できたと感じた。
20代・女性

音楽を
流しているときの方が
寝つきがよかったと
思います。
20代・女性

0歳児・1歳児クラス合同で
寝ていますが、いつもより
よく眠れているように
感じました（とくに1歳児クラス）。
30代・女性

落ちついた
曲なので、気持ちも
落ちつくのではないかと
思いました。
40代・女性

CDを流すと普段は
お喋りをしてしまう子も
落ちついた様子で
入眠することができた。
20代・女性

テンポや
メロディーは
心地よいと思います。
50代・女性

もちろん、医学的裏付けもあります。睡眠には「自律神経」の働きが大きく関わっています。

詳細は後ほど大矢たけはるさんが解説してくださいますが、本書の音楽は自律神経のうち、深いリラックス状態を生み出す「副交感神経」を優位にすることで、安眠に導くように作られているのです。

全国の赤ちゃん・乳児期のお子さんに高い効果があったのですから、皆さんのご家庭のお子さんにもきっと同じような安眠効果があるはずです。

付属CDの使い方はとてもかんたん！「寝かしつけのときに、流すだけ」。ですから、ママだけでなく、パパやご家族の皆さん、どんな方にも手軽にお使いいただけます。赤ちゃん・乳児期のお子さんの「寝かしつけ」に悩むすべての方にとって、本書が手助けになればこれほどうれしいことはありません。

CDに収録されている音源は、スマートフォン、タブレット、PCでも手軽にお聞き頂けます。ダウンロード・再生方法については、69ページをご覧ください。

なお本書の制作にあたっては、国立青少年教育振興機構・理事長でいらっしゃる、鈴木みゆき先生に多大なるお力添えを頂きました。

鈴木先生のご紹介により、全国にあるこれほどまでに数多くの保育園に、付録ＣＤをお聞き頂くという大規模なアンケート調査を実施することができました。この場を借りて、鈴木先生に心より御礼申し上げます。

２０２０年８月吉日　神山《こうやま》　潤《じゅん》

もくじ



## 第1部 赤ちゃんがぐっすり眠るにはどうしたらいいの？

### スッキリ解決！　寝かしつけQ＆A

## まず、睡眠の基本的な仕組みを知っておこう



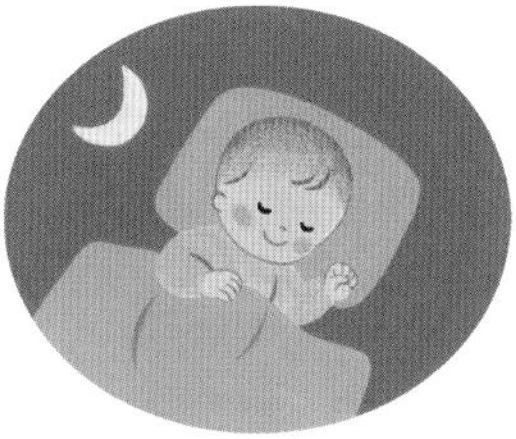

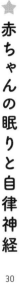

第2部

# 赤ちゃんに音楽を聞かせてみよう

## この本の使い方の手引き

忙しいパパ・ママのために、「1分」でわかる
本書の取扱説明書をご用意しました。

### ❶ スッキリ解決！ 寝かしつけQ&A

「そもそも何時間寝かせればいいの?」
「一度寝ても途中で起きてしまう…」小さなお子さんを持つ
パパ・ママのリアルなお悩みにお答えします。 P.14～

### ❷ 知っておきたい赤ちゃんの睡眠 基本の「き」

知っていますか?　赤ちゃんの睡眠の基礎知識。
お子さんのよりよい睡眠のために、必ず知っておきたい
大切なことを解説します。



### ❸ 実際に音楽を聞かせてみよう！

いよいよ実践編！　ミュージッククリエイターの
大矢たけはるさんと私、神山潤がCDに収録されている音楽の、
よい聞かせ方をお教えします。音楽を聞かせるときにお子さんが
リラックスできる「魔法の読み聞かせ」もお教えします。

# 第1部

# 赤ちゃんがぐっすり眠るにはどうしたらいいの？

# スッキリ解決！寝かしつけQ&A

私がこれまでお会いしてきた
小さなお子さんを持つ
お父さん・お母さんからよく耳にする
「寝かしつけ」の悩みにお答えします。

**Q　赤ちゃんは、何時間寝かせればいいでしょうか？**

**A　一般的な睡眠時間の目安よりも、「目の前のお子さん」を見てあげてください。**

1歳を過ぎるあたりまでは、午前中にお昼寝をする場合もあります。睡眠時間は個人差が大きいため、「何時間、寝ればいい」という正解はありません。
ここで私がお伝えしたいのは、「時間という数字に縛られるのは、やめませんか」ということ。

巷の本やネットを開けば、「睡眠時間の目安は1歳児で11～13時間、1歳6カ月～3歳児で約12時間」といった情報を目にすることもあるでしょう。でも、ご両親が、その目安に縛られたり、心配したりしないことのほうが大切です。

ただ1つ、確実にいえることは、夜更かししたぶんを、朝寝坊で取り返そうとするのは間違っているということです。

「早起き早寝」という基本を守りつつ、あとは難しく考えずに、お子さんが「寝ること」に安心感を抱き、楽しめるようにしてあげましょう。

1歳児
目安は
11～13時間
子どもによって
自分に合う
睡眠時間は
いろいろ
1歳6カ月～3歳児
目安は
約12時間

## Q 寝つくのが遅かった翌日は、どうしたらいいですか？

## A いつもと同じ時間に起こしてあげて、寝かしつけをしてください。生活リズムを一定に保ちましょう。

赤ちゃんの就寝が遅くなってしまうこともありますね。そんな日は翌朝、ゆっくり寝かせてあげたくなりますが、いつもと同じ時間に起こしましょう。生活リズムが変わるのは赤ちゃんにとって好ましくないことです。

もしあまりにも眠そうだったら、昼寝で睡眠を補います。そして夜は、いつもと同じ時間に寝かしつけることで、乱れかけたリズムを元に戻すことができます。

夜更かしした翌朝に寝坊し、そのために夜に眠れなくなり、また夜更かしに

なり、その翌朝も朝寝坊……と、どんどんリズムが狂ってしまう。これでは赤ちゃんの健康も成長も損なわれかねません。くれぐれも注意してくださいね。

**Q 寝入るとき、明かりを消すと怖がります。どうすればいいですか？**

**A 豆電球程度の明るさの照明のもとで寝かしつけましょう。お子さんが寝入ったら電気を消してください。**

夜になって暗くなると、脳内で「メラトニン」というホルモンが分泌されて眠気が起こります。メラトニンは明るい環境では分泌されにくいホルモンですから、電気をつけっぱなしで寝かしつけるのはよくありません。

ただし大昔から人類は月明かりの下で寝ることも多かったに違いありませ

ん。またお子さんの安全確認の意味もあります。真っ暗にしなくても、豆電球くらいならば、つけていてもいいかもしれませんね。

**Q 読み聞かせをしながら寝かしつけるときは、照明がついていてもいいですか？**

**A 大丈夫ですが、できる限り照明を暗くしましょう。**

本などを読み聞かせながら寝かしつけるときは、照明はついていてもかまいません。

ただ、光の刺激が強くなりすぎないよう、できるだけ薄暗くするよ

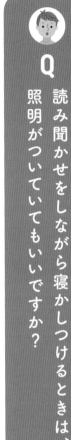

う心がけてください。夜間の照明はブルーライトではなく、夕日のような暖色系の明かりを使うと眠りやすくなります。読み聞かせ中に、お子さんがウトウトしてきたら徐々に照明を落としていき、寝入ったら暗くします。

**Q 夜中、寝ている最中に激しく動き出します。心配です。**

**A 赤ちゃんの睡眠中の「激しい動き」は自然なこと。毎晩続くようなら、専門医に相談しましょう。**

夜、目覚めたわけでもないのに動くのは「寝ぼけ」の一種です。

生後7～10カ月の赤ちゃんには、睡眠中に頭を左右に振ったり、うつぶせで頭を枕に打ちつけたり、体を左右にぐるぐると回したり、うつぶせでお尻を持

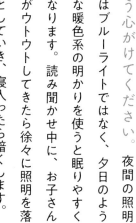

ち上げては床に打ちつけたりする行動が見られることがあります。けっこう激しい動きなので、初めて見るとびっくりすると思いますが、これらは心配しなくて大丈夫です。

## Q 寝相がすごく悪いです。大丈夫でしょうか？

## A 心配ありませんが、もし、もがき苦しむ様子を見せたら病院へ。

私たちは寝ている場合にも寝返りを打ち、動いています。

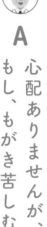

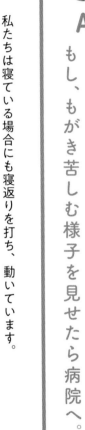

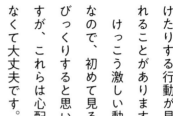

私が以前、子どもが睡眠中に2秒以上、体を動かす回数を観察したところ、生まれたばかりの赤ちゃんは、レム睡眠1時間につき20回、3歳児では15回くらいでした。

10歳をすぎると5~10回程度になりますから、赤ちゃんは、睡眠中は活発というわけです。

ただ、単に動いているだけではなく、いびきがひどかったり、呼吸しづらそうだったりと、もがき苦しむ様子が見られたら、「睡眠時無呼吸症候群」の可能性が出てきます。

睡眠時無呼吸症候群というと大人の症状、しかも太った人に見られるというイメージが強いかもしれませんが、子どもの睡眠時無呼吸症候群というのもあるのです。

子どもの睡眠時無呼吸症候群は、多くの場合、扁桃腺が大き過ぎることが原因です。睡眠時に、扁桃腺が気道をふさぐような形になるために、呼吸が妨げられてしまうのです。

呼吸が妨げられると、体が酸欠になり、そのため、しょっちゅう目が覚めます。

ただちに命に関わるものではありませんが、慢性的な睡眠不足に陥り、健やかな生育が妨げられる恐れがあります。

もがき苦しむような様子に加えて、いびきがひどく、夜中にしばしば目覚める、汗をかいて苦しそうにしている、胸をペコペコと凹ませる呼吸（シーソー呼吸）になっていることなども、睡眠時無呼吸症候群のサインです。これらの様子が見られたら、医師の診察を受けたほうがいいでしょう。

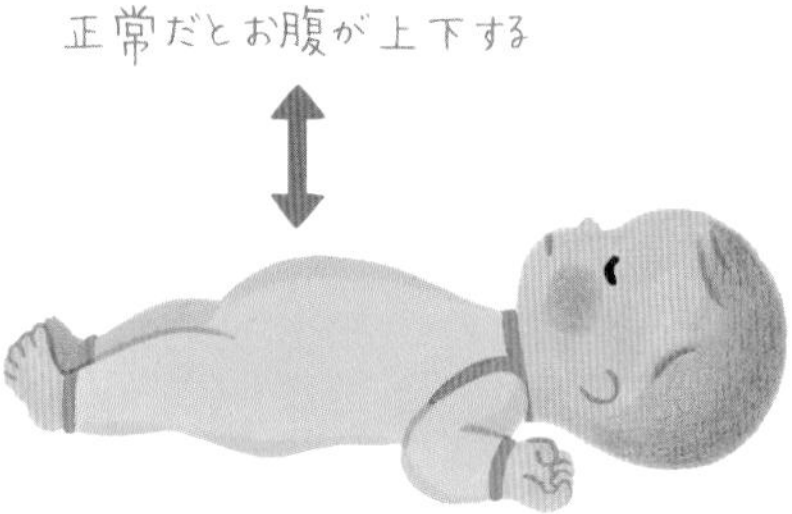
正常だとお腹が上下する

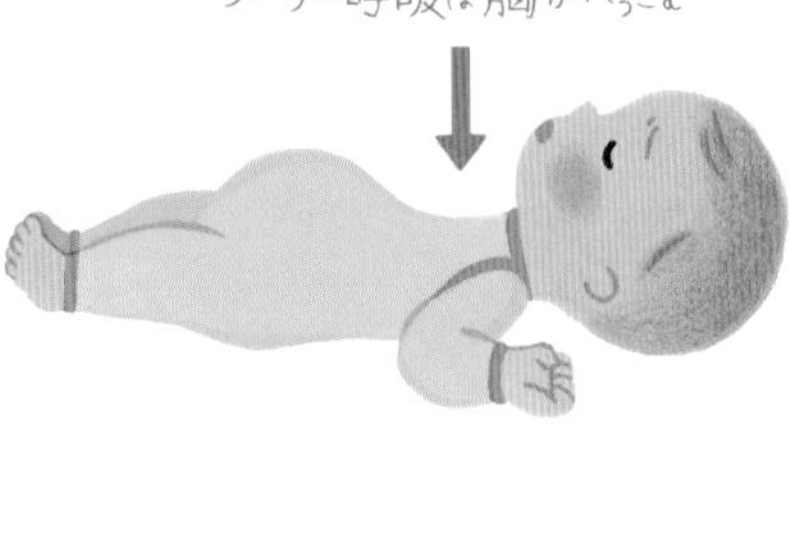
シーソー呼吸は胸がへっこむ

## Q 赤ちゃんの体型と睡眠時間は関係ありますか？

## A 睡眠時間が短い子どもは、太りやすいです。

近年の臨床研究などで、睡眠時間が短いと肥満になるリスクが高くなることがわかってきました。理由はいくつか考えられます。

- 夜遅くに食べる機会が増えるから
- 朝寝坊が多くなり、朝寝坊のために朝食を抜くことが肥満につながるから

こうした生活習慣との

関連に加えて、

・適当なところで食欲にストップをかける、「レプチン」というホルモンの分泌が落ちるから

・ストレスに対抗する「コルチゾール」というホルモンの分泌に異常が起こり（通常は夕方に分泌が減るところ、睡眠不足だとあまり減らない）、それが何らかの形で肥満に関係しているから

などなど、睡眠不足が体内のホルモン分泌を乱し、肥満を招く可能性も指摘されています。

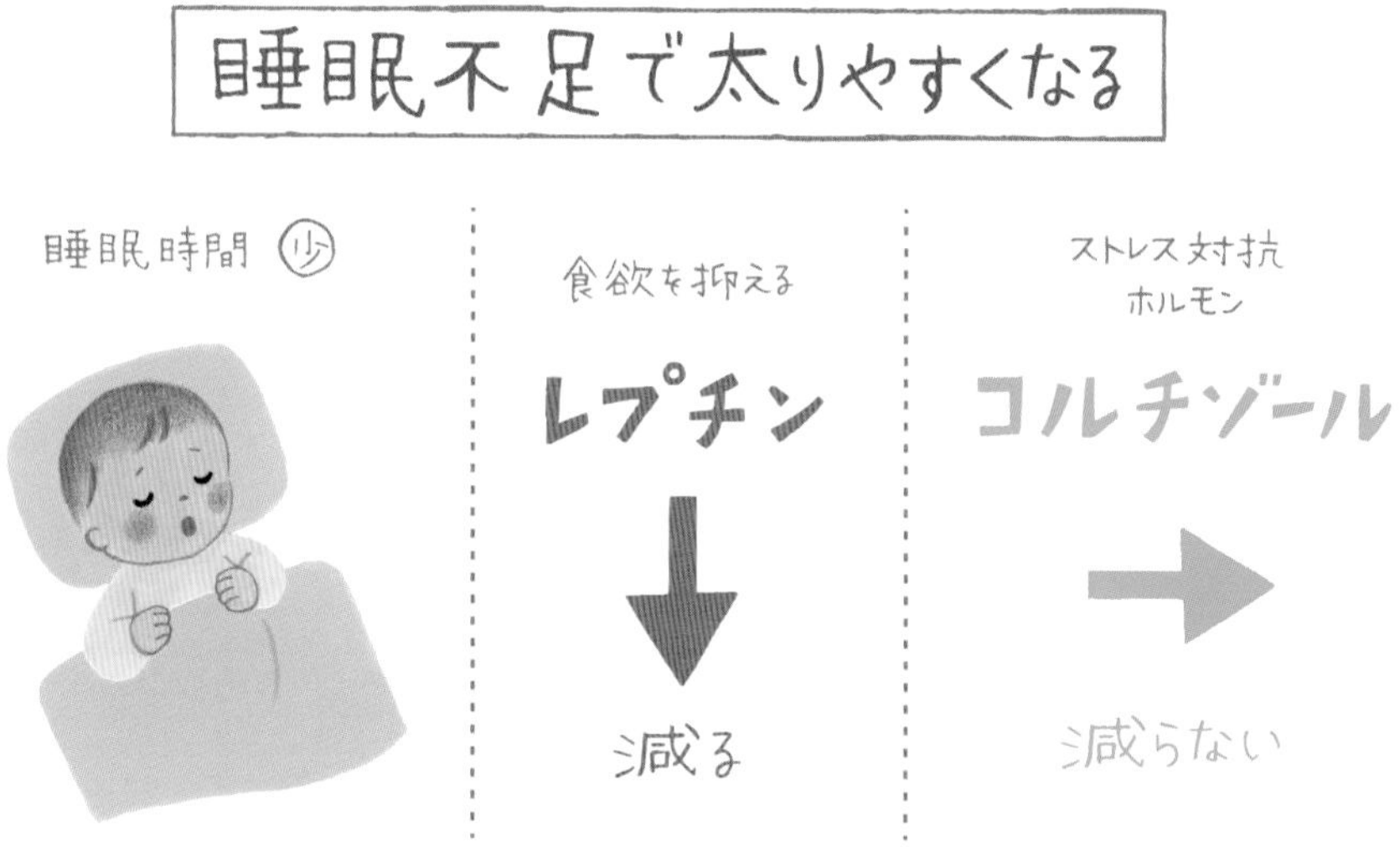

実際の関連はどうあれ、やはり一定の生活リズムを保つことが大切です。朝の光を浴び、昼は「昼らしく」活動的に、夜は「夜らしく」静かに過ごすという基本を大切にしましょう。

**Q 早寝にするとパパとの時間がとれないのですが……。**

**A 一番に考えてほしいのは、お子さんの生活リズムを一定に保つことです。**

お父さんとの触れ合いも大切にしたい。お父さんも子育てに参加したい。その気持ちはわかります。

でも、やはり一番に考えてほしいのは、お子さんの生活リズムを一定に保つことです。

とくに夜更かしはよくありません。「入浴はお父さんの役目」「○曜日の寝かしつけは「パパがやる」といった夫婦間の決まりによって、お子さんを遅くまで寝かせないようにするのは避けましょう。

誰でも、夜、寝るのが遅くなると、翌朝、スッキリしませんよね。そればかりか寝不足で体調を崩すこともあります。

大人ですらそうなのですから、小さい赤ちゃんならば、なおのことです。

ここは発想を逆転させて、お父さんとの時間は「朝」に設ける、というのはいかがでしょう。

朝は忙しいと思いますが、親子で早起きして、少しの間を一緒に過ごす。お子さんは、起きたそばからお父さんと遊べてうれしいでしょうし、お父さんは、我が子と過ごした幸福感とともに仕事に出かけられます。そんな光景は、お母さんにとっても幸せですよね。

それよりも大切なのはお父さんに早く帰ってきてもらうこと。働き方改革が叫ばれている今は絶好のチャンスかもしれませんよ。お子さんはお父さんとお母さんの間に授かったかけがえのない宝物です。どのようにお子さんと接していくのか、一度真剣に考えてみていただければと思います。

**Q 子どもを寝かしつけている途中で、親の自分が寝てしまいます……。**

**A ご両親が自分を責める必要はありません。**

お母さんもお父さんもお疲れです。親御さんが先に寝ることは、親御さんが率先して早寝の見本を示すことになりますよね。親御さんが先に寝てしまってまずいことは、まったくないと思いますよ。

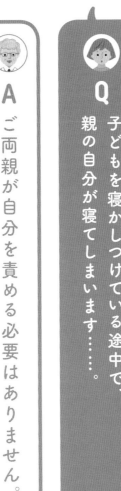

# まず、睡眠の基本的なしくみを知っておこう

## ★脳には「時計」がある★

ここからは、大人がどうしてあげたら赤ちゃんがぐっすり眠れるのか、「よく寝る子」のメカニズムを解き明かしていきたいと思います。

その前に、前提となる基礎知識として「睡眠のしくみ」を大まかに理解しておきましょう。

私たちの睡眠は「自律神経」によってコントロールされています。

自律神経には「交感神経」と「副交感神経」の2種類があります。

交感神経が主として働いている間、脳や筋肉にはたくさんの血が流れ、私た

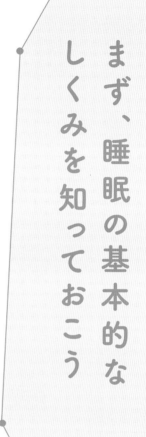

ちは日中、活発に考えたり動いたりすることができます。

一方、副交感神経が主として働いている間、脳や筋肉よりも腸のほうに多くの血が流れます。これは、休息に適した体内環境です。つまり睡眠中は主に副交感神経が働いているということです。

このように日中は交感神経、夜間は副交感神経が主として働くというおおよそ1日の周期と関連

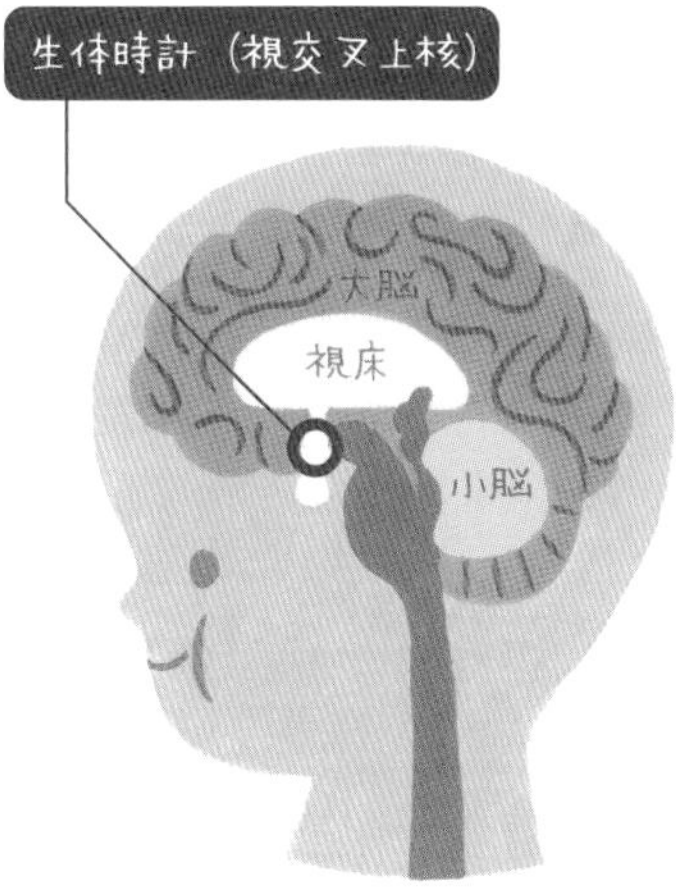


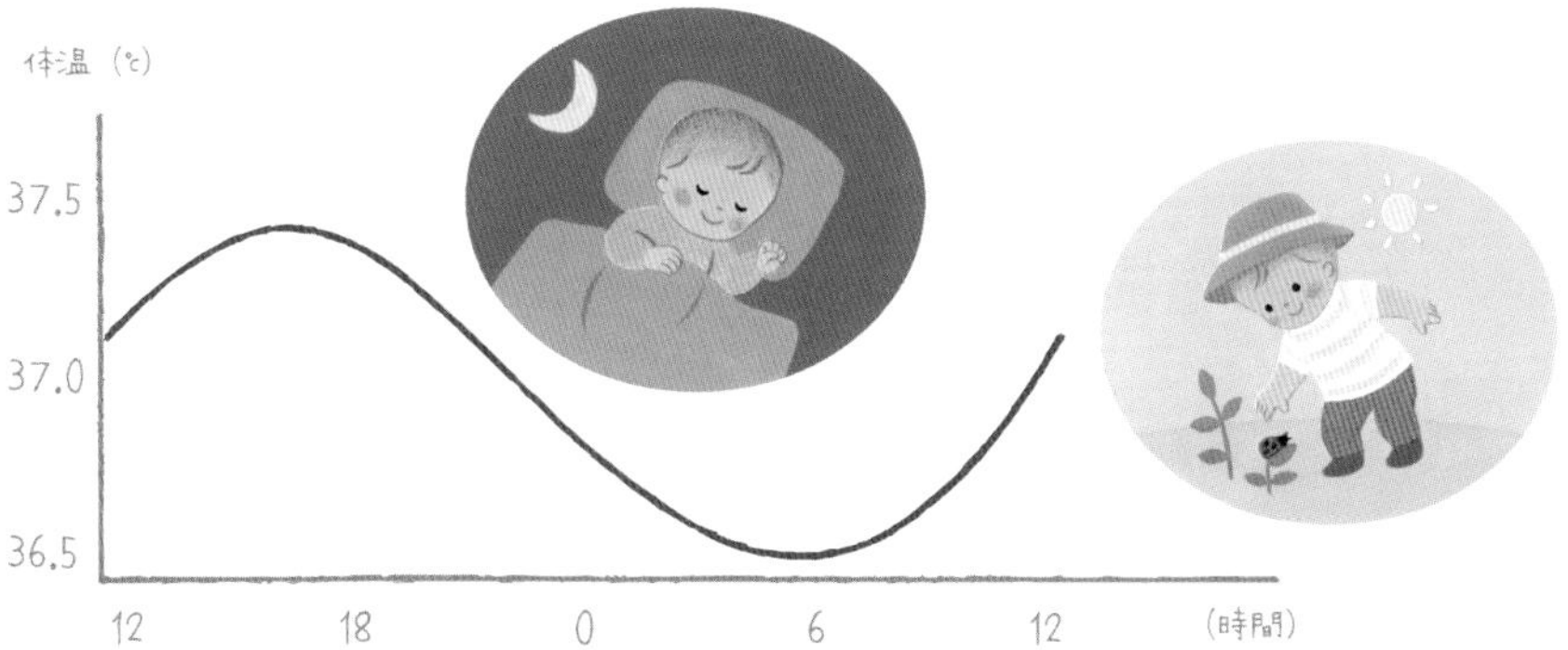

したリズムを、「概日リズム（サーカディアン・リズム）」といいます。

なぜ私たちの体は、日々こうした絶妙なリズムを保つことができるのでしょうか。

その秘密は、脳が司る「生体時計」です。文字どおり、脳の中に「時計」があるのです。

生体時計は、目と目の間の奥の「視交叉上核《しこうさじょうかく》」にあります。

ここから、その名も「時計遺伝子」が生体リズムを発信し、全身の細胞へとリズムが伝わります。

こうして自律神経や体温、ホルモン分泌などの概日リズムがコントロールされているのです。

## 赤ちゃんの眠りと自律神経

ここまでのところで述べたように、睡眠には心身のバランスを整える「自律神経」が強く関わっています。

私たちの心身の健康は、交感神経と副交感神経の2つがバランスよく働くことによって作られるのです。

**睡眠時に重要なのは、副交感神経の活動をさかんにすることです。**

それは「脳波」にも表れます。脳波には緊張・興奮時に出やすい「β波」、リラックス時に出やすい「α波」などがありますが、入眠にもっとも適している脳波バランスは「α波のほうがβ波より優位」とされています。

つまり、副交感神経がさかんに働くことによって、心身が深いリラックス状態になること、脳波でいうと「α波がβ波より優位」のバランスになってこそ、熟睡できるというわけです。

ところが、ストレスが多すぎると自律神経のバランスが崩れてしまいます。交感神経の働きが強くなりやすくなり、副交感神経が働きにくくなるために、夜、熟睡できなくなってしまうのです。

睡眠と自律神経のメカニズムは、赤ちゃんも同様と考えられます。

もちろん赤ちゃんは、大人ほど、外的なストレスにさらされてはいないでしょう。それでも寝かしつけの際に、できるだけ、赤ちゃんの自律神経が副交感神経優位になるようにしてあげることが、赤ちゃんがぐっすり眠るためには不可欠といえるのです。

# 知っておきたい赤ちゃんの睡眠のきほん

## （★なんのために「夜泣き」するのか★）

赤ちゃんは未熟です。それゆえ睡眠のメカニズムも、私たち大人とは異なるところがあります。大人の睡眠との違いを知ったうえで寝かしつけてあげることが大切です。

赤ちゃんは、まだ自分で生体時計を地球時計に合わせられません。

まず、生まれたばかりの赤ちゃんは、3～4時間寝ては授乳というのを繰り返します。生体時計は働いていないため、夜中に急に泣き出したりすることも、よくあります。これが「夜泣き」です。

生後1～2カ月くらいになると生体時計が働き始めます。でも、まだ朝の光を使い、地球時計に合わせて生体時計を短く調整するというのはできません。そのため、睡眠時間の記録をとると、睡眠と覚醒のリズムが後退していく様子が見て取れます。人間の生体時間は地球時間より1日の周期が長いため、睡眠と覚醒のリズムが後ろへ、後ろへとずれていくのです。これを、生体時計の「フリーラン」と呼びます。

それが生後3～4カ月になると、徐々に生体時計を調整できるようになり、フリーランも落ちついていきます。そして、夜、寝る時間と、朝、起きる時間もほぼ定まってきます。そして地球時計に合わせて生体時計を短く調整する働きに大切なのが朝の光ということがわかっています。

1日24時間の地球の周期に合わせて、「昼夜の区別」がつくようになるということです。ただし昼夜の区別がつく時期には個人差があります。

ともあれ、生育環境が整って、朝日をきちんと浴びることができていれば、遅かれ早かれ、自分で生体時計を調整できるようになっていくものです。

## 赤ちゃんの眠りは「浅い」もの

さて、ここでもう1つ、付け加えておきたいことがあります。赤ちゃんは、生体時計が発達途上であることに加えて、**じつは睡眠中の「リズム」も大人と違うのです。**

大人の場合、一般的にレム睡眠（眠っていても眼球が動いている睡眠）は90～100分ごとに訪れます。これに比べて、赤ちゃんは、周期がもっと短いのです。とくに**生まれたばかりの赤ちゃんは、レム睡眠になる周期が40～50分と、大人の約半分**です。

また、レム睡眠に入る直前や、レム睡眠が終わった直後は、たいてい浅いノンレム睡眠となるため、目覚めやすくなります。

**赤ちゃんの場合は、その「目覚めやすいタイミング」が40～50分**

ごとに訪れるわけです。生後間もない赤ちゃんが夜中に何度も目覚めて泣き出す理由もおわかりいただけるでしょう。

赤ちゃんは、成長するにしたがって目覚める頻度が減っていきます。それは、3カ月を過ぎると50～60分、2歳くらいでは75分と、レム睡眠とノンレム睡眠の周期が次第に大人に近づいていくからなのです。

新米のお父さん・お母さんには、「赤ちゃんは寝るのが仕事」という思い込みからひんぱんに目を覚ます我が子にびっくりし、不安になる方も少なくないようです。

でも、赤ちゃんが目を覚ましやすいというのは、ごく自然なこと。「うちの子は眠りが浅いのではないか」「発達に問題が起きるのではないか」などと心配する必要はありません。

## 赤ちゃんの眠りのリズム

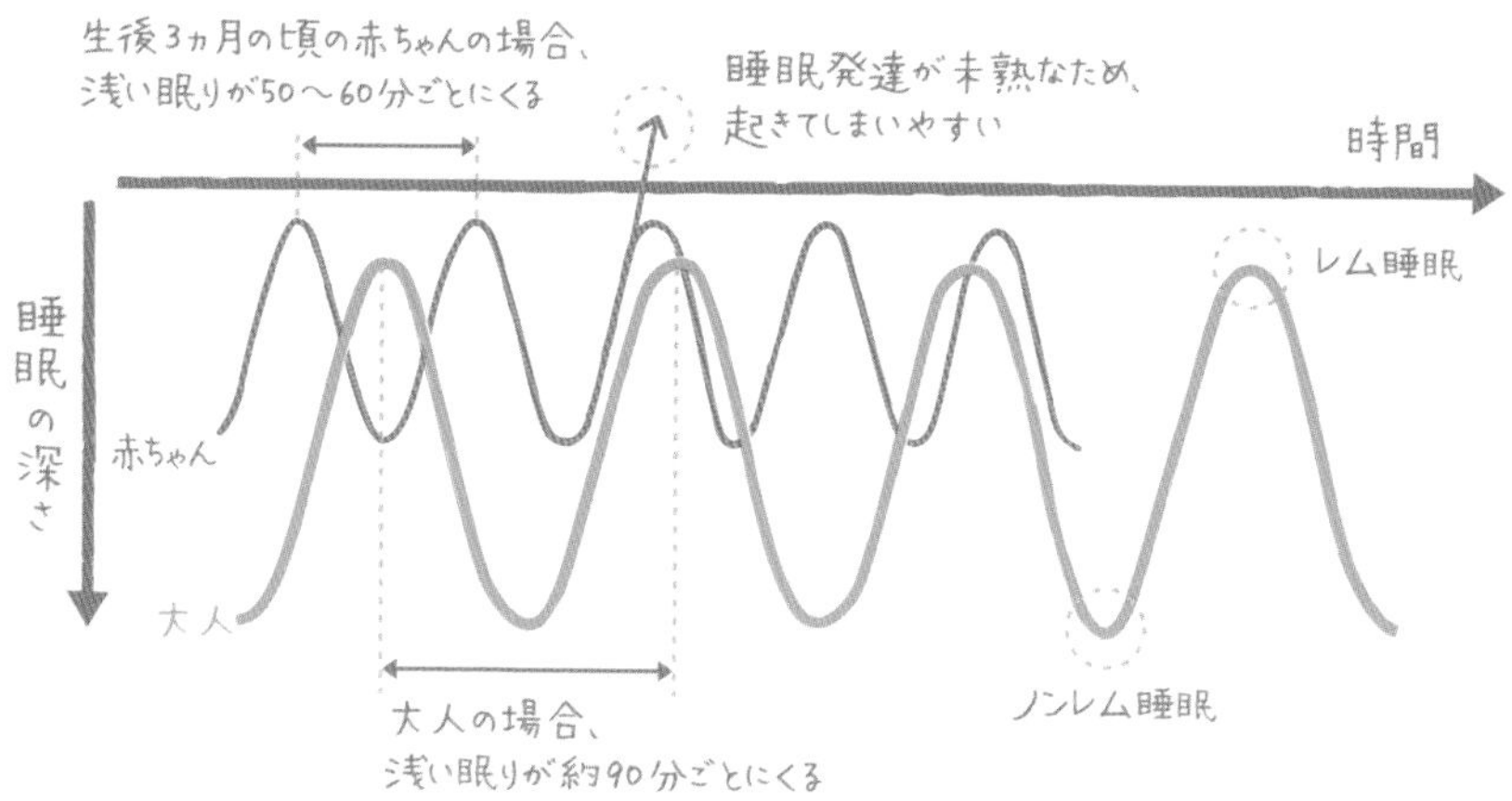
生後3カ月の頃の赤ちゃんの場合、
浅い眠りが50～60分ごとにくる
睡眠発達が未熟なため、
起きてしまいやすい
時間
睡眠の深さ
赤ちゃん
大人
レム睡眠
ノンレム睡眠
大人の場合、
浅い眠りが約90分ごとにくる

# 寝る子が育つしくみ

## ★なぜ、「夜更かし」は悪いのか★

では、赤ちゃんが、自分で生体時計を調整し、地球時計に合わせられるようになるには、どんな生育環境を整えてあげたらいいでしょうか。

1つ具体例を挙げて説明しましょう。

あるとき、保健所経由で「うちの子は、生後6カ月が経っても昼夜の区別がついていないようだ」という相談を受けたことがあります。話を聞いてみると、お母さんが日中、赤ちゃんを外に連れ出そうとするたび、同居していた祖父母から「今日は寒いから」「風が強いから」などと、何かしら理由をつけて止められていたそうです。

それが理由で、生まれてから6カ月の間、ほとんど外出しないまま屋内で過ごすことが多かったそうなのです。

そこで私は、お母さんを含めたご家族に、昼夜の区別がつくようにするには、昼夜の違いがわかるような過ごし方をさせること。そうして赤ちゃんの体に、「いつが昼で、いつが夜なのか」を伝えることが必要だと説明しました。

具体的には、まず朝には日の光を浴び、昼は「昼らしく」、明るい場

所で活動的に過ごし、夜は「夜らしく」、暗い場所で静かに過ごすというように、1日の中でメリハリをつけることをおすすめしたのです。するとほんの1カ月ほどで、その赤ちゃんも昼夜の区別がつくようになりました。

この例からもわかるように、朝、昼、夜の過ごし方は、赤ちゃんの健やかな生育において重要な位置を占めています。朝は光を浴び、昼は「昼らしく」、夜は「夜らしく」過ごすことで、赤ちゃんは、次第に生体時計を調整できるようになっていくのです。

## うちの子に合った睡眠時間は？

「結局、うちの子は何時間寝かせるのがいいんだろう？」

読者の皆さんの中には、こんなふうに「睡眠時間」で迷っている方も多いかと思います。現に私のもとにも、「うちの子は○歳（○カ月）なのですが、適切な睡眠時間は何時間ですか？」と聞いてこられる方がたくさんいます。ただ、結論からいうと、これは「わからない」というのが本当のところなのです。

なぜなら、睡眠時間は個人差が大きいものだから。

実際、生後1カ月～16歳の睡眠時間を調べた報告書を見ても、たとえば1歳児100人の睡眠時間は11時間～17時間と大きな差が見られます。

もちろんすべて足して人数で割れば「平均値」はでます。「中央値」をとることもできるでしょう。

でも、これだけ個体差が大きいなかでは、平均値も中央値も、我が子の「適切な睡眠時間」の目安にはなりません。

個体差が大きいということは、そこには何の傾向もなく、人によって違う。ただそれだけのことであり、それでいいのです。

ですから、「何時間、寝かせたらいいですか？」という質問に対し、私からお伝えしたいのは「お子さんを一番身近で見ているご両親が、『これくらい寝た日は調子がよさそうだ』というところでご判断ください」ということです。

とはいえ、何も指標がないと、さすがに判断しづらいかもしれません。1つ挙げるとすれば、「午前中に眠くならないくらいの睡眠時間」です。

でも、1歳台の赤ちゃんは午前中に寝ることもありますから、これは2歳以上のお子さんの目安と考えてください。

人間にとって、午前と午後の両方の2～4時は、「どうしようもなく眠くなる」ことが多い時間帯です。裏を返せば午前10～12時は「眠くなりにくい」「眠くなってはいけない」時間帯といえます。

この午前中の時間帯に眠くならなければ、その人の睡眠時間や生活リズムに大きな問題はないと見ていいだろう、ということです。

この目安をそのまま、2歳以上のお子さんに適用してもいいでしょう。

朝、起きて朝ごはんを食べ、「さあ、これから元気に活動だ」というときに、大あくびをしたり、まどろんだり、「寝落ち」したりしていませんか。ご両親が近くで見ていて、もし、そんな様子をお子さんが見せたら、少し就寝時間を早めてみるなど、生活リズムを見直したほうがいいかもしれません。

## 「脳内ホルモン」で成長

最後に、眠っている赤ちゃんの脳では何が起こっているのか、簡単に説明しておきたいと思います。

大人も赤ちゃんも、寝ている間には体内でさまざまなホルモンが分泌されています。私たちが眠っている間に、各種ホルモンが心身のメンテナンスをしてくれるから、疲れて眠りについても、翌日には、また元気に活動できるのです。

ここでは、なかでも赤ちゃんの成長に欠かせない「メラトニン」について触れておきましょう。

メラトニンは、夜になると脳の「松果体《しょうかたい》」という部分から分泌され、体温を下げることで眠りを誘うホルモンです。

でも、それだけがメラトニンの機能ではありません。

メラトニンには、じつは高い抗酸化作用が認められているのです。

抗酸化とは、酸化に抗《あらが》う作用のこと。酸化とは、簡単にいえば「細胞の老化」

のことですから、メラトニンは、赤ちゃんの細胞を守り、健やかな生育をサポートする機能を担っているといえます。

メラトニンは一生のうち、1～5歳でもっとも多く分泌されます。この間、子どもは「メラトニン・シャワー」を浴びて育つのです。

なぜそうなのか、まだ明確な理由はわかっていません。ただ、この特定の時期にメラトニンがもっとも多く分泌されるということは、メラトニンが子どもの成長に重大な役割を果たしていると見て間違いないでしょう。

では、赤ちゃんの安眠と成長を支えるメラトニンが、ふんだんに分泌されるようにするには、どうしたらいいでしょうか。

メラトニンは朝、目が覚めてから14～15時間後に分泌が始まるのですが、それには1つ、欠かせない条件があります。昼間に光を浴びること、です。

まだ赤ちゃんでのデータはありませんが、高齢者では、昼間にたっぷり光を浴びると、夜に分泌されるメラトニンの量が増え、よく眠れるようになることがわかっています。

もう、おわかりでしょうか。メラトニンの分泌を高める条件とは、「昼間に光を浴びること」なのです。前に触れた生体時計の調整に大切だったのは朝の光でした。加えて、夜の睡眠を促すため、さらには寝ている間の抗酸化力を高め、細胞を守るためには「昼間に光を浴びること」が大きな役割を果たすということです。

また、メラトニンは、夜間であっても明るい環境では分泌が少なくなってしまいます。朝は光を浴び、昼は「昼らしく」、明るい場所で活動的に、そして夜は「夜らしく」、暗い場所で静かに過ごすという習慣が重要といえるのです。

37ページで挙げた朝、昼、夜の基本ステップをできるだけ守り、お子さんが、たっぷりと「メラトニン・シャワー」を浴びられるようにしてあげてください。

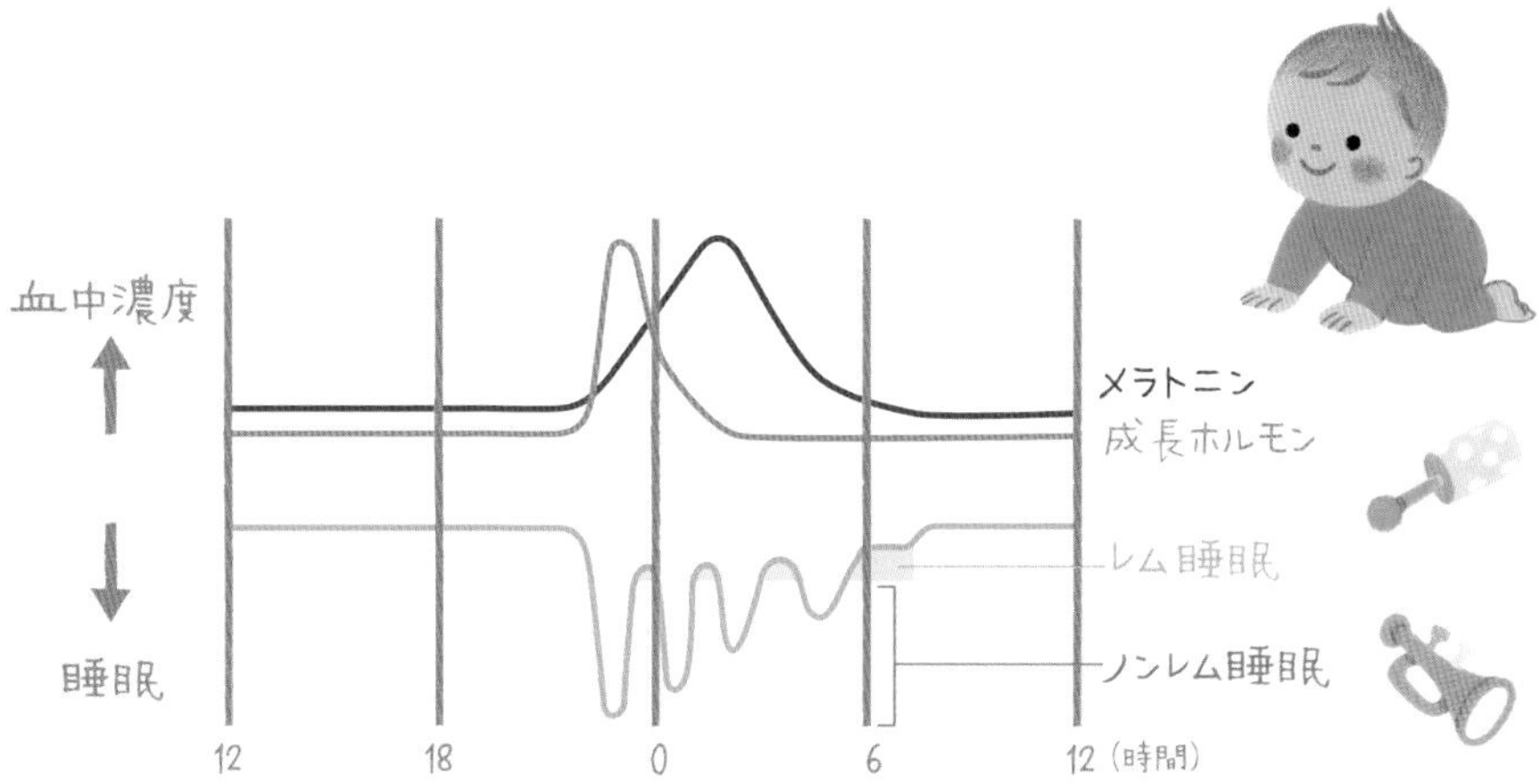

# 世界の研究機関も注目！「音楽と眠り」

では、「音楽と睡眠」にはどのような関係性があるのでしょうか。

ひょっとしたら、「音楽を聞かせるだけで、本当に赤ちゃんが熟睡するの？」と思っている方もいるかもしれません。

じつは、ある種の音楽は心身を睡眠に適した状態にもっていき、睡眠を誘発したり、睡眠を深くしたりする作用をもつ可能性が、国内外の研究機関の研究で明らかにされつつあるのです。ここで、いくつか紹介しておきましょう。

2003年3月『臨床教育心理学研究』（関西学院大学編）には、次のような実験を行ったという論文が掲載されています。

実験は、有名なパッヘルベルの『カノン』の異なる編曲3種を、平均年齢21・5歳の被験者33名に聞かせ、脳波や心拍、呼吸などを測定するというものでした。編曲は、①ドラム演奏を入れたポップな編曲、②波の音を組み合わせた編曲、③もっとも原曲に近い弦楽合奏による編曲の3種です。

結果、**脳波などの各数値には、3種の編曲によって多少の相違点が認められました。**

その違いの解明については、さらなる広範な研究への展望が示されたものの、3種すべてにおいて脳波の覚醒度が低くなったり、鎮静効果が表

れたりなど、心身がより入眠に適したリラックス状態になることが認められたのです。

アメリカのミンデル博士らは、就寝時の習慣と子どもの睡眠などについて、複数の研究論文を比較考察しています。

そこでは、寝る前に子守歌などを歌うことが、子どもの興奮を鎮め、リラックス状態を作り出し、速やかな睡眠が促される可能性が示唆されています。たしかに子守歌の類は世界各地にあることからも、その睡眠誘発効果が窺《うかが》われます。

ハンガリーのハーマットらは、音楽が睡眠に及ぼす影響に関する複数の研究を示しつつ、次のような実験結果を得ています。

睡眠障害がある学生を、「夜、寝る前に45分間、クラシック音楽を聞くグループ」「オーディオブックを聞くグループ」「何もしないグループ」に分け、3週間にわたって変化を検証しました。

結果、「まだ研究は十分ではない」としているものの、クラシック音楽を聞いたグループは、ほかのグループに比べて睡眠の質に向上が見られたといいます。

スイス・フリブール大学のコーディラらの研究では、女性被験者27名に、昼寝の前に音楽かテキストの音読を聞いてもらうという実験が行われました。その結果、主観的感覚だけでなく、客観的指標を用いても、音楽を聞いたときのほうが睡眠の質が向上していたそうです。

具体的には、ノンレム睡眠（深い睡眠）のうち、もっとも浅いステージ1の時間が短くなる一方、より深いステージ3、4の時間が長くなったといいます。

2008年5月の『人工知能学会誌』（人工知能学会編）には、血液から得られる「生体信号」を機械に入力、そこから機械が作成した画像および音楽に「癒し効果」が認められるかを検証したという論文が発表されています。

実験では、生体信号からプログラムされた音楽を被験者10名に聞かせ、音楽傾聴時と無音時の脳波と比較しました。結果、無音時よりも音楽傾聴時に脳波がリラックス状態を示した被験者は、10名中8名だったといいます。

脳波がリラックスしたということは、その音楽によって、睡眠に適した脳の状態になったといえます。これなども、音楽と睡眠の関連性が示された一例といっていいでしょう。

結論としては、「参加者の暗示のかかりやすさも考慮する」としながらも、音楽と睡眠の関連性が示されています。

２０１７年、日本の理化学研究所では、次のような実験が行われました。成人健常者20名に、勤務時間後に30分間、疲労予防や疲労回復が期待できる環境音楽を聞いてもらい、安心や眠気、不安、憂鬱《ゆううつ》など主観的気分の変化と心拍数などの変化の相関性を観察しました。

その結果、音楽を聞いたあとに「癒し」「安心、リラックス」を感じている人ほど心拍数が減少していることなどがわかったといいます。

音楽と睡眠の関係性については、まだまだ研究が必要な分野です。ただ、今ざっと見ただけでも、音楽は確実に心身に影響を及ぼし、睡眠にも大きく関わりうるということが窺われます。

第 **2** 部

# 赤ちゃんに音楽を聞かせてみよう

# ヒーリング音楽とは違う、「眠るための音楽」

大矢たけはる

本書の付録CDに収録されている音楽は、リラクゼーションを目的としたいわゆる「ヒーリング音楽」とは違います。

音楽を「聞く」という場合、主役は、いうまでもなく「音楽」ですよね。

でも、本書の音楽は、あくまでも「**睡眠をサポートするバックグラウンドミュージック**」です。つまり、集中して聞いていただく目的では作られていません。

なぜかといえば、音楽を「聞く」ことに神経を集中させると、私たち人間は、スムーズに眠りにつくことが難しくなってしまうからです。

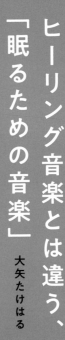

「ヒーリングミュージック」を聞くと、心が安らいで、リラックスできるため、なんとなく赤ちゃんの寝つきもよくなりそうだと感じる方もいらっしゃるかもしれませんが、実際はそうではありません。

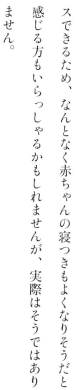

だからこそ、「注意深く耳を傾ける」必要がない、「聞き流せる音楽」であることが非常に大切なのです。

いわば、**「主役」は赤ちゃんのスムーズな入眠であり、本書の音楽は、それを助ける「究極の脇役」**としてお考えいただければ幸いです。

音楽を「聞く」のではなく、「聞き流し」ながら、赤ちゃんがスムーズに入眠できるようにする。このように「眠り」にフォーカスした音楽とするために、1つ、気を配った点があります。

それは、「誰もが好む、王道のコード進行」とすること。

本書の音楽は**「聞き流していただく」**ことに意義がありますから、耳に残るような変わったコード進行では、存在意義が失われてしまいます。

パッヘルベルの『カノン』というクラシック曲をご存知でしょうか？　この曲のコード進行は、じつは「王道のコード進行」といわれています。つまり「誰もが好むコード進行」＝「誰もが心地よいと感じるコード進行」ということです。まさに「心地よく聞き流していただく」ために、本書の音楽は、そんなカノンのような王道のコード進行を意識して制作しました。

また2、5、8曲目には、**赤ちゃんがお母さんのお腹の中にいた頃に聞いていた「心音」（心臓の音や胎内音）**が流れています。「心音」は一説によれば、赤ちゃんを落ちつかせる効果もあるそう。音楽に耳を傾けながら、安らいだ気持ちで眠りについてほしいと願っています。

# 音楽はこんなふうに聞いてください！

大矢たけはる

テレビなど他の音源や映像は消してからお聞きください。

眠りに適した「静かな音量」で流してください。

ときにはプレイヤーの「シャッフル機能」を使って流してください。

♪

# 最後まで聞かずにお子さんが眠っても大丈夫です！

収録曲の紹介

1. 満天のビー玉
2. ゆりかご車
3. 3つのお山
4. 虹のステージ
5. オレンジ空
6. 夢のお城
7. おんぷの子守歌
8. おやすみなさい

# 音楽の特徴

## 1 ゆっくり、かつテンポが一定

本書の寝かしつけ音楽は、すべて「ゆったりとしたテンポ」になっています。音楽の単位でいうと「65bpm（beats per minute=1分間の拍数）」くらい。それが副交感神経を優位にし、入眠を導くテンポとされています。

## 2 「聞き流せる」音楽

睡眠時に優位にしたい副交感神経には、心身をリラックスさせる役割があります。集中して「聞く」音楽では、メロディや音量のダイナミックな強弱の変化も魅力の1つですが、「聞き流すため」の音楽では、そうした強弱はかえって邪魔なのです。したがって収録曲では、神経を刺激し、たかぶらせるような強弱の変化は、いっさい入れていません。

## 3 残響のある音色

トン、トンと強い単音が続くと、そのつど神経が刺激され、たかぶってしまいます。そういう音の展開よりは、ふんわりと包み込むような音が続いているほうが、副交感神経は優位になりやすいとされているのです。収録曲では、残響をつける「リバーブ効果」をふんだんに取り入れ、寝かしつけ時の赤ちゃんを、優しい音でふんわりと包み込めるようになっています。

## 4 赤ちゃんが好むコード進行

「誰にとっても心地よい、王道のコード進行」は、じつは自律神経とも深い関わりがあるといわれています。

知っている音楽、とくに「好きな音楽」だと、どうしても意識を集中させ、感情も揺り動かされてしまう。そこでは、むしろ交感神経が優位になり、心身が興奮しがちとされているのです。

副交感神経を優位にするには、誰にとっても心地よいコード進行――より厳密にいえば、「どこかで聞いたことがあるような、懐かしいような、親しみやすく心地よいコード進行」が適しているといいます。

### CDの取り扱い上の注意

- 音楽CDに対応した、CD-ROMドライブ、DVD-ROMドライブ搭載のパソコンなどの使用の際、機器によってディスクを再生できない場合があります。ご了承ください。
- ディスクの保管に関して、直射日光の当たる場所や高温多湿の場所を避けてください。
- ディスクは両面ともに、キズや汚れなどがつかないよう注意してください。また、ペン類で文字を書いたり、シールを貼ったり、接着剤などをつけたりしないでください。汚れがついたら、柔らかい布で軽くふきとってください。
- ディスクが破損したり、故障した場合、無理に補修したり、そのままプレーヤーで使用したりすることは絶対にしないでください。
- ディスクを持つときは、両端を持つか、縁と中央の穴をはさむようにして持ってください。

- できるだけ小さい音量で聞きましょう。
- 大きい音量で聞く場合、曲によっては音が割れたように聞こえることがあります。
- 機器によっては、音割れや音飛びを起こすことがあります。

音楽を聞きながら
魔法の言葉がけ！

# お子さんが安らぐ安眠ポエム

大矢たけはる

寝かしつけの時間は、大切なお子さんとのコミュニケーションのひとときです。音楽を聞いているお子さんの読み聞かせにお使いいただける、「安眠ポエム」をご用意しました。

お父さん・お母さんもいっしょに曲に耳を傾けながら優しく言葉がけをしてください。お子さんも安らいで眠りにつけることでしょう。

## 1. 満天のビー玉

キラキラきれいなビー玉が　夜空いっぱい広がって
まん丸お月さまもニコニコニコ
夢の国に住んでいるウサギさん　キラキラビー玉で遊んでいる
「こっちに来ていっしょに遊ぼう」
キラキラキラキラ　ニコニコニコニコ　夢の国で待っているよ
キラキラキラキラ　ニコニコニコニコ　早くおいでよ

## 2. ゆりかご車

夢の国へとつづく道　ピンクのモヤモヤ包まれて
ウトウトウトウト　ユラユラユラユラ
ゆりかご車で進むんだ
ママもいっしょにウトウトウトウト
パパもいっしょにユラユラユラユラ
夢の国はどんな場所？　ウサギさんも待っているのかな？
ウトウトウトウト　ユラユラユラユラ
みんないっしょにウトウトウトウト　ユラユラユラユラ

## 3．3つのお山

ピンクのモヤモヤ抜け出して　そこはチューリップ畑
右を見ても左を見ても　前を見ても後ろを見ても
チューリップがいっぱいごあいさつ
ボクもいっしょにごあいさつ　わたしもいっしょにごあいさつ
うす水色のモンシロチョウがチューリップのお山を飛んでいる
おいしそうにミツを吸っているよ
ソヨヨ風が甘いかおりを届けてくれる
お山が虹色に変わっていく
とってもきれいだな　とっても気持ちがいいな

## 4．虹のステージ

チューリップ畑の小さなステージで　ウサギさんたちが歌っているよ
虹色のスポットライトがステージを照らしている
「キミたちが夢の国のウサギさん?」
ピョンピョンピョンピョンリズムに乗って
「みんないっしょに歌いましょう」
ぼくも上手に歌えるかな?　わたしも楽しく歌えるかな?
みんなで歌うと楽しいね　みんなで楽しく虹のコンサート

## 5．オレンジ空

夢の国でも楽しい時間はあっと言う間
オレンジ色の空に時計の鐘の音がボーンと鳴りひびく
たくさんたくさん遊んだね
たくさんたくさん歌ったね
モコモコ雲がこっちへおいでと手をふっているよ
「夢のお城はこっちだよ」
モコモコ雲に揺られて夢のお城へ出発だ

## 6. 夢のお城

すっかり夢の国の空もキラキラビー玉でいっぱい
ビー玉の光に照らされて　夢のお城がこんばんは
ウサギの兵隊さんが呼んでいるよ
「さあ　中に入ってごらん」
キラキラシャンデリアにピカピカ鏡のお部屋
ダイヤモンドのいすに　おうごん色の大きなつくえ
素敵な洋服着替えたら　夜の舞踏会で踊りましょう

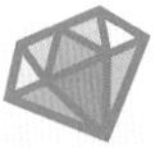

## 7. おんぷの子守歌

キラキラ宝石とおんぷいっぱいの夢のお城のベッドの上で
両手いっぱい広げてゴロンゴロン
ゴロンゴロンゴロンゴロンあくびがでるよ
ハープの音に合わせて　おんぷがやさしく歌ってる
フカフカお布団ママのにおい
フカフカフカフカ気持ちがいいな
ウサギの兵隊さんもスヤスヤいびきをかいているよ

## 8. おやすみなさい

明日も楽しいことが待っているかな?
明日もたくさん素敵なことが待っているかな?
明日もママはおいしいごはん作ってくれるかな?
明日もパパはたくさん遊んでくれるかな?
明日も楽しい冒険待っているよ
ママもいっしょにおやすみなさい
パパもいっしょにおやすみなさい
夢の国でおやすみなさい

# 「よい言葉がけ」で、赤ちゃんをよい眠りにいざなう

神山 潤

本書には、ミュージッククリエイター・大矢たけはるさんによる、赤ちゃんの入眠時にお使いいただける読み聞かせ用の「**安眠ポエム**」も収録しました。

音楽を聞かせながら、静かな声で優しく読んであげてください。これを毎晩の習慣とすることで、いっそう赤ちゃんはぐっすりと眠りやすくなるでしょう。

というのも、**寝かしつけ時の語りかけには、赤ちゃんによい影響を及ぼす**ということが、過去の実験でも示されているのです。

お腹の赤ちゃんは「目が見えている」のか、あるいは「耳は聞こえている」のかを知るための研究は、これまで長きにわたり続けられてきました。

現時点では、お腹の赤ちゃんが「見えている」かどうかは未知数。ただし、どうやら「聞こえているらしい」ということは解明されつつあります。

一例を挙げると、日立製作所基礎研究所が行った実験によれば、生後5日目までの赤ちゃんに「母国語」「逆回しの言葉」「雑音」を聞かせたところ、赤ちゃんの脳のなかで聴覚を司る「側頭連合野」が、母国語にもっとも強く反応したという結果が出ています。

こうした実験結果からも、**お母さんのお腹の外の音が赤ちゃんに聞こえているというのは、ほぼ間違いない**といっていいでしょう。

といっても巷でよく言われる「胎教」は、いまだにサイエンスとして成立しているわけではありません。**お腹への語りかけは、赤ちゃんへの教育効果というよりも、赤ちゃんに対するお母さんの愛着形成に、大きな影響を及ぼす**といえます。

では、生後の赤ちゃんに対しては、どのような影響を及ぼすでしょうか。

生まれる前の赤ちゃんでさえお母さんのお腹の中から、周りの音を聞いているのですから、**生まれた後の赤ちゃんにとって、どんな音、どんな声が聞こえてくるかは非常に重要**といえるのです。

お母さんの「読み聞かせ」を聞いているときに、子どもたちの大脳では「辺縁系」に活動が見られたという実験結果も報告されています。

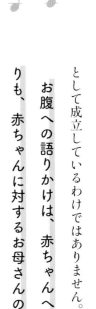

大脳辺縁系は感情や情動に関わる領域であり、「心の脳」ともいわれています。

したがって、先ほど挙げた実験結果は、「読み聞かせ」が子どもたちの「心」に届くということ。また、心に届くことで、読み聞かせは心身を鎮静させ、寝るときの「入眠儀式」としても役立つことを示しています。

寝る前の読み聞かせが、子どもを速やかで健やかな眠りへと誘うということです。

これは、赤ちゃんでも同様と考えられます。つまり、寝かしつけ時の語りかけは、赤ちゃんの安眠をサポートし、さらには脳機能の発達、とくに情操面を豊かにすることにおいても大きく作用すると考えられるのです。

特別付録

# 0～3歳
# 1分間 生活リズムチェックリスト

皆さんのお子さんは、1日をどのようなスケジュールでお過ごしですか?
朝起きてから夜寝るまでの過ごし方を見直してみましょう。
次の❶～❿までの質問に答えてみてください。
合計何点になるでしょうか? 健やかな成長は、よい生活習慣から作られます。
なお、このチェックリストはあくまで目安です。
くれぐれもとらわれ過ぎないでくださいね。

| 年齢 | 月齢 | 睡眠時間 | 就床 | 起床 | 昼寝 | 運動 | テレビやスマホ |
|---|---|---|---|---|---|---|---|
| 0歳 | 0~3カ月 | 14~17時間 | 20~21時 | 6~8時 | 4~6時間 | 0.5時間 | 0時間 |
| | 4~7 | 13~15 | 20~21 | 6~8 | 3~4 | 0.5 | 0 |
| | 8~11 | 12~14 | 20:30~21:30 | 6~8 | 2~4 午前 午後1回 | 0.5 | 0 |
| 1歳 | 12~23 | 11~14 | 20:30~21:30 | 6~8 | 1~4 午後1回 | 3 | 0 |
| 2歳 | 24~35 | 11~14 | 20:30~21:30 | 6~8 | 1~4 午後1回 | 3 | 1時間以内 |
| 3歳～ | 36~71 | 10~13 | 21~22 | 6~8 | 1~3 | 3(1時間は結構激しく) | 1時間以内 |

## ① 起床時刻 （得点：1＝2点、2＝4点、3＝3点、4＝1点）

1. 6時前　2. 6～7時
3. 7～8時　4. 8時以降

## ② 就床時刻 （得点：1＝4点、2＝3点、3＝2点、4＝1点）

1. 20時前　2. 20～21時
3. 21～22時　4. 22時以降

## ③ 運動時間 （得点：1＝1点、2＝2点、3＝4点、4＝3点）

0歳代
1. なし　2. 15分以内
3. 15～45分　4. 45分以上

1歳～3歳
1. なし　2. 2時間以内
3. 2～4時間　4. 4時間以上

## ④ テレビやスマホ （得点：1＝4点、2＝3点、3＝2点、4＝1点）

1. なし　2. 30分以内
3. 30～90分　4. 90分以上

## ⑤ 食欲 （得点：1＝4点、2＝3点、3＝2点、4＝1点）

1. とてもよい　2. まあよい
3. あまりよくない　4. よくない

## ⑥ うんち （得点：1＝4点、2＝3点、3＝2点、4＝1点）

1. 日に数回出る　2. 毎日1回
3. 1日おき　4. 何日かに1回

## 7 寝つき （得点：1＝4点、2＝3点、3＝2点、4＝1点）

1. いつもよい　2. たいていよい
3. たいていよくない　4. いつもよくない

## 8 夜に目を覚ます回数 （得点：1＝3点、2＝4点、3＝2点、4＝1点）

1. 0～1回　2. 2～3回
3. 4～5回　4. 6回以上

## 9 朝のご機嫌 （得点：1＝4点、2＝3点、3＝2点、4＝1点）

1. いつもよい　2. たいていよい
3. たいていよくない　4. いつもよくない

## 10 昼間の元気 （得点：1＝4点、2＝3点、3＝2点、4＝1点）

1. とてもよい　2. まあよい
3. あまりよくない　4. よくない

### 結果発表

**30点以上**　順調ですね。今の育児に自信をもって、細かいことに気をとらわれ過ぎないでお子さんをおおらかに見守ってあげてくださいね。

**29～20点**　いくつかの生活習慣を見直すことで、お子さんの調子がよくなることが期待できますよ。試してみてはいかがでしょうか？

**19～10点**　心配ごとがいろいろありそうですね。お一人で悩まず、どなたかに相談してくださいね。

※ヒトはロボットではありません。提示した生活リズムはあくまでも目安にすぎません。毎日いろいろと変わることはある意味当然です。もちろん季節変動もあります。たとえば夏は冬よりも遅寝早起きになって睡眠時間は少なくなります。くれぐれもここで提示した生活リズムにとらわれ過ぎないでくださいね。

## 付録CD収録の「寝かしつけ音源」インターネット配信について

CDの再生機器が手元にない方もご安心ください！
寝かしつけ音源（本音声データ）はすべて
下記URL・QRコードからスマートフォン・PCに
ダウンロード・再生可能です。
お子さんの寝かしつけに、旅行先や外出先など、
いつでもどこでも手軽にお聞きいただけます。

**【ダウンロード・再生はこちらから】**

https://isbn2.sbcr.jp/04899
再生パスワード：53792

※下記の環境で動作を確認しております。下記の環境以外では、正しく動作しない場合がございます。
・Windows 10　・iOS13.4.1

※スマートフォン等への音声データの転送・再生方法等、本音声データの取扱いや機器のご使用に関するお問い合わせには、お答え致しかねます。

※本音声データは、本書籍を購入された方が、個人的に使用される目的でのみご利用くださいますようお願い致します。本音声データは著作権法により保護されており、権利者の許諾なく、複製、公衆送信（インターネット上への掲載）、放送、レンタル等を行うことは禁止されています。

※本音声データのご提供方法は、事前の告知なく、変更される場合がございます。

※弊社は、本音声データの視聴および利用等によって生じた、いかなる損害にも責任を負いかねます。

著者略歴

## 神山 潤

こうやま・じゅん

医学博士。日本睡眠学会理事。子どもの早起きをすすめる会発起人。1981年東京医科歯科大学医学部卒業。2000年同大学大学院助教授、2004年東京北社会保険病院副院長、2008年同院長、2009年4月より東京ベイ・浦安市川医療センター管理者に。その他、公益社団法人地域医療振興協会理事、日本小児神経学会評議員なども務める。

音楽家略歴

## 大矢たけはる

おおや・たけはる

名古屋市出身のシンガーソングライター・ミュージッククリエイター。2005年オーディションをきっかけにメジャーデビュー。数多くのCMソング・楽曲提供・BGM制作を担当。プロ野球選手やプロレーサーへの応援ソングも提供している。順天堂大学医学部教授小林弘幸氏と研究開発した自律神経を整える音楽CDブックシリーズは累計180万部を突破。国内のみならず台湾・ベトナム・韓国などでも発売され、世界中で音楽が支持され始めている。2015年アモンボイス&ミュージックスクールを開校し、ボイストレーナー・自律神経を整えるトレーナーとしても活躍中。

睡眠《すいみん》の名医《めいい》が教《おし》える
# 聞《き》くだけで赤《あか》ちゃんがぐっすり眠《ねむ》る魔《ま》法《ほう》の音《おん》楽《がく》

2020年9月23日　初版第1刷発行

著者　神山《こうやま》 潤《じゅん》
音楽　大矢《おおや》たけはる

発行者　小川 淳
発行所　SBクリエイティブ株式会社
〒106-0032 東京都港区六本木2-4-5
電話 03-5549-1201（営業部）
装丁　坂川朱音
本文デザイン　坂川朱音+田中斐子（朱猫堂）
イラスト　コンノユキミ
DTP　間野 成（間野デザイン）
編集協力　福島結実子
編集　小倉 碧（SBクリエイティブ）
印刷・製本　株式会社シナノパブリッシングプレス

本書をお読みになったご意見・ご感想を下記URL、
または左記QRコードよりお寄せください。
https://isbn2.sbcr.jp/04899/


ISBN 978-4-8156-0489-9